| 16 | 3  | 2  | 13 |
|----|----|----|----|
| 5  | 10 | 11 | 8  |
| 9  | 6  | 7  | 12 |
| 4  | 15 | 14 | 1  |

Edimilson de Almeida Pereira

# MELRO

editora 34

EDITORA 34

Editora 34 Ltda.
Rua Hungria, 592  Jardim Europa  CEP 01455-000
São Paulo - SP  Brasil  Tel/Fax (11) 3811-6777  www.editora34.com.br

Copyright © Editora 34 Ltda., 2022
*Melro* © Edimilson de Almeida Pereira, 2022

A FOTOCÓPIA DE QUALQUER FOLHA DESTE LIVRO É ILEGAL E CONFIGURA UMA APROPRIAÇÃO INDEVIDA DOS DIREITOS INTELECTUAIS E PATRIMONIAIS DO AUTOR.

Imagem da capa:
*Monte Generoso, Ticino, Suíça*

Capa, projeto gráfico e editoração eletrônica:
*Franciosi & Malta Produção Gráfica*

Revisão:
*Cide Piquet*

1ª Edição - 2022

CIP - Brasil. Catalogação-na-Fonte
(Sindicato Nacional dos Editores de Livros, RJ, Brasil)

P339m
Pereira, Edimilson de Almeida
  Melro / Edimilson de Almeida Pereira —
São Paulo: Editora 34, 2022 (1ª Edição).
112 p.

ISBN 978-65-5525-132-6

1. Poesia brasileira contemporânea.
I. Título.

CDD - 869.1B

## MELRO

Melro ........................................................... 13

Notas ........................................................... 105
Índice dos poemas ..................................... 107
Sobre o autor ............................................. 111

A escrita de *Melro* se iniciou em Juiz de Fora, em maio de 2018. Prosseguiu entre agosto de 2018 e agosto de 2019, em Riva San Vitale, na Suíça. Concluiu-se na Casa la Volpe, em Juiz de Fora, em julho de 2020, durante a quarentena da pandemia provocada pela Covid-19.

Os livros *Relva* (Mazza Edições, 2015), *Guelras* (Mazza Edições, 2016) e *Melro* (Editora 34, 2022) compõem a série *Melancolia*.

*à Prisca*

"Desciam muito devagar e se juntavam [...] numa chuva ofuscante de penugem branca."

Davi Kopenawa

## NO PERIGO DESTA NOITE

estiro as entrelinhas da linhagem.
Sou um fio desencapado —

próximo do curto-circuito. Tua mão
queima as rugas de celofane.

Há quem, desconhecendo o abismo,
se antecipe a morrer

em defesa da vida. Contra
esse catecismo, saudemos as algas.

Quem fia apenas uma linhagem lustra
o próprio fêmur.

O que há de importante na herança
não cabe no prêmio

maior — quem se conforma
com isso, encalha o bote na enseada.

A hora de saquear os cofres espera,
recém-nascida.

O que nosso tirocínio precisa é não
ser visto pela alça de mira.

FLUXO

Voltar à casa do pai, vinte anos depois —
esterco, céu, árvores, nada que enraizou
é franco. São outras as heras e as perdas.
O que levou a casa ao precipício vale para
teu país, um peixe à caça da isca, cabeça
indigna que se abaixa. O corpo hesita
ante os violentos, insiste em denunciá-los,
têm culpa, recebem visitas em piscinas
suspensas — o corpo se retrai ante a força
protegida pela licença de aniquilar — são
tantos sob o teto onde mulheres cuidam
dos seus arbítrios — são turvos aninhados
na guerra. A luz do outono não constrange
o ódio. Teu amigo reconheceu as mãos
do pai, editou um livro, queixo e orelha
lhe revelaram antigas figuras e um signo
que contém em si uma floresta inteira.
Tens as hélices distraídas, o plano de voo,
não precisas juntar leste e oeste — mas os
braços de quem estremece. Um rio arde,
o tato excita a fibra, a boca suga do demônio
na janela: estamos salvos se ninguém repete
a vida. Mas, e a foto em sépia? Na praia,
o afogamento não foi interrompido. Quem
sobreviveu à triste manhã, foi-se. Há revolta
nas ruas, gritos, lírios despertos, muros que

gestam a revanche. No país está difícil
escrever sem disparar ou ser atingido
por um tiro. Vive-se, coração sobressaltado,
atrás de um escudo. O semáforo detém
quem deveria antecipar-se ao destino, um
cheiro de ferrugem e grama dispersa o sono.
Segue-se a estrela, um raio abre seu curso
no lajedo. Nada recupera a comunhão,
que jamais houve. Em tudo um incômodo —
a paz de um corpo que se pensa sobre a areia.

# ODE À FAMILIA

I. Elegia

É lícito olhar além do círculo que hipnotiza.
Símbolos, sob o pretexto de nos içar da mesma
origem, vetam o direito ao enigma. Nesse tempo,
outra vez de cinismo, acordo sem nenhuma fé,
embora sinta a comoção dos reféns.
Foi um erro não prevermos a queda, nem era
preciso interrogar as nuvens
ou fustigar o totem para ouvir o animal sagrado.
Foi um grave erro — em que noite tal
frase eclodiu, inverno na primavera? — um erro
ser humano entre quem se diz — mas não é.

II. Groove

Pássaros — pontos negros na paisagem revelam
minha sombra à distância. Tem sido assim
desde que tomei por alvo a realidade. Muitos são
competentes ao capturá-la, sinto o calor da faca
quando leio suas imagens. Apreendem o ilíaco, a ruína

a sangue frio. Antes que alguém execute ou pereça
(tem sido assim a poucos passos de casa) decifro
o mecanismo que acelera e trava essa espiral: desejo
desarmá-la como faço às peças do relógio. Pontos
negros na paisagem me fazem soar os caniços.


III. Renascença


O horizonte viajou a Igbo estendido sob um arco.
A noite é outra. A casa circular flutua, mulheres riem
às flores, há lagos de esperança e jardins munidos
de passaportes. A elasticidade do céu. A terra ganha
seus barcos. O ibiri gerou uma sombra no deserto,
a lua abriu o índex, as árvores saíram do túmulo.
Estou de pé, com asco dos uniformes, pensando atrasar
o relógio infalível dos corpos. Há tudo para todos,
Ninguém. E os mortos do Cabula, da Líbia, dos Estados
Unidos acolhidos em meus nervos? Nyangas do Atlântico,
néctar do reencontro, Vida — pousada entre o golpe
e o sonho. A morte fome de acusação, claro magma.


IV. Clube


Uma voz enredada a outras, que disse tanto, o que
tem a dizer agora sob as câmeras de nossos olhos?
A voz é pequena? grande? tem a inclinação humana.
Irmana mas, separados pelos cantos do mundo,

silenciamos. Podem agredi-la à porta do hospital? Ou dar-lhe o prêmio que é nosso: um coração?
— O exílio é uma condição de vida, quase uma escrita — escutamos. Uma fuga em motocicleta até a outra margem do rio. Exilar-se é, talvez, olhar para trás e dizer — isso é um sabático de guerra. Essa é a voz que tira nossos ouvidos do equilíbrio.

## AFRONTA

Nesse abraço, não em outro,
a memória é cheiro
forma
dínamo.
Desautoriza o que não foi vivido,
nada inaugura,
ou sim,
recusa a pergunta
em algum porão disparada.

O bilhete ao alcance, premiado
para cem escolhidos,
o nexo entre o massacre
e as férias,
o tradutor infalível
e o elixir
desidratam as ilusões.

É cada vez mais impróprio
o gesto que nos desvia
do êxtase
a curto prazo.
Em sua defesa, nenhum
decreto,
negociação ou empréstimo
a fundo perdido.

A quem interessa a flor
entregue
às vésperas de uma guerra
ou assalto?
Quem, ocupado em safar-se,
somará uma pétala a esta?

Esse abraço
(não o choque entre arestas)
é anterior às dragas.
Enquanto dura,
sobrevive-se no monte de vênus,
dá-se corda
ao que circula em código.

## L'HARMATTAN

FEVEREIRO 1995 saúdo o casal senegalês no aeroporto de TORONTO, ainda não sinto a sucessão de encontros que nos aguarda na ÁFRICA-MUNDO — fosse SÃO PAULO — salue, mon frère, regardes-tu le feu? — ROMA — est-ce que tu as une copine? — BUENOS AIRES — au borde de mon pays la fièvre — NEW YORK — nous sommes les homeless — MILANO — la police avance sur les corps — GENÈVE — il y a une autre histoire sur les voyages — LIMA — reconnais-tu ton visage? — LISBOA — vous habitez à SÃO PAULO? — FOSSE ONDE A NOITE se recolhesse, ali onde a fome esgrima, haveria o que nos dizermos.

Quem sabe a odisseia se senta à nossa mesa e estende os braços aos lamantins?

## ESCOLA DE TEATRO DIMITRI

Estudo 1

O estudante refugiado sobe
ao palco.

Avisa que não é exercício
mas súplica
e revolta
o gesto ensaiado.

Com a memória
vigiada prossegue:
"Quem fala em mim decide
a língua
e as núpcias".

O professor se contraria
com sua fala oblíqua.

Vendo-se no espelho —
onde os alunos refletem à espera
de um personagem —
o estudante hesita.

Não é pelos colegas
ou pela negativa do professor
ao enredo.

Sabendo impossível recuperar
a fração
de um pêssego
o ator escolhe morrer.

## Estudo 2

Eu
tu não sabíamos ter o coração
tomado pelo ódio.

Reservado
ao mosto tomou-se
por inteiro,

já não responde aos sinais
da exosfera
nem aos correios.

Tu eles
sabíamos a forca em praça pública
e o logro.

Em mim em de ti há um outro
eles
que não somos

— um elo de horror que assoma
nos ossos
de alguém

na pele de alguém, na frágil
ideia
de alguém.

Não se está a salvo, salvo engano
se não os
matarmos.

Não como nos matam.

Seríamos como eles se travássemos
seu hálito
sob nossos joelhos

: seríamos eles = nós

lorpas
sem alma nem seios à mostra
em agosto.

Eu tu
não sabemos ter o coração tomado
pelo ódio.

## INTENÇÃO E GESTO

Um pássaro alvejado junto
à cerca — não era
bom sinal, intuí, quando o aviso
sangrou o telefone.
A pergunta — "como foi possível?"
se refugiou no subsolo.

Invadem com a autoridade
dos encapuzados: mão
no coldre, interesse nenhum
pelo eco
de uma festa, ainda ontem.
Entram como se também
não tivessem
uma casa de infância.

Sob o olhar gutural,
nossos documentos saltam
do bolso,
a paisagem se descola da retina.
Dizem, é assim que começa.
Sob pressão, não há mais que dias
provisórios
e a fração do que fomos.

"Não confie, durma perto da porta,
fique junto à parede,
mesmo que o *spray* não seja
disparado, economize o ar."
Quem nos fala, enquanto a pinça
das armas
revolve os armários?

Não sei do que estão falando,
sob o capuz
palavras escondem os gestos.
Os documentos na mesa, pássaros
mortos
esperam que desliguem os helicópteros.

PASSAGENS

I

Uma réplica para policiais de fronteira:
— *Ninguém vai tirar isso de mim.*

A canção-futuro. Um passaporte vale,
não vale a depender de quem o recolhe.

*Ninguém vai tirar isso de mim.* Me recuso
a abrir o livro, segundo a lei, espesso

demais para viagem. É um livro cabeça.
*Ninguém vai tirar isso de mim.* Um disco,

a camisa de aniagem, a pedra do Morro
de São Paulo. Ninguém vai capturar

numa varredura os destroços do navio.
Eles vão comigo, mas poderiam estar

nos cadernos do teu filho se outra mão
não roubasse o coração numeroso.

Tempos atrás, cortar o cabelo garantia
uma violência respeitosa, faz tempo

decidem o que serve e a quem servimos.
Árvores morreram, um novo sistema

de abordagem capta o que está na alma.
Há avanços na segurança de fronteiras.

Em que escola se formam os uniformes
em formatura? Ninguém responde

porque saem armados os rinocerontes.
Vigiar um policial desde a esquina,

submeter-se à aragem como se fosse uma
carícia diz sobre quem somos. *Ninguém*

*vai tirar isso de mim* — sabendo que
levo comigo um livro de 9 milímetros.



II


Estamos, pratos nas mãos, comendo ao sol.
Quem nos observa desvia o rosto.

Na colher, o grão e o sumo para a travessia
do deserto. Outros chegaram cedo

e os vimos presos às ferragens da estação.
Não sei que sorte tiveram, não sei se é sorte

confiar em quem alimenta o desamparo.
Não há escolhas agora, a vontade levanta

um prato, a fronteira quando for possível.
Seria uma trégua insincera não fosse a onda

subindo a todo ritmo: alguém ligou o rádio
na mesa dos inspetores e a vida torpedeou,

de repente, as forças que a continham.
Ouvimos a fricção dos calcanhares, o arame

se esgarçando. Entrei no sonho com a faca
nos dentes, repleto de outro alimento.

Quando a sirene tocar (ela sempre faz isso)
voltaremos da parte insubmissa do território.

## JAM SESSION

homens à beira do abismo, na falta do diálogo,
enviam sinais indecifráveis. falam águas-vivas.
mortificam-se.

    NÃO
    os homens

certos homens cavam o abismo, incineram em
sua profissão de fé a pérola e o oceano. com a
palavra enviam a virilha ao exílio. de todos, são
os piores, sucateiam a alegria, não são humanos.

    SIM

o arco-íris cobre o centro e a beira da praça. sob
ele cabem turistas e quem buscando um país não
sabe o norte de si. estendo as mãos e sinto a rosa
decifrada no asfalto. uma frágil rede nos anima,
acolhe em berço uma a uma essas vidas, cultiva
o sal e a música      entre as ranhuras

    SIM

ao som do exilado, à noite festival. sob a tenda,
os pés gelam, a luz vermelha traz um estampido
de longe. a neve cai. o trompete sobe à altura

dos edifícios e sufocando o grito nos parecemos
todos — um policial encosta os ombros no som.
seria bom se fosse sempre isso, nenhum aperto,
intenso o ritmo, uma nota chamando pela outra
e o mergulho entre os corpos        querendo-se

# FIORDE

Os dias nos desamparam, legados seus,
corpos pousam à nossa cabeceira.
Não repousam. Colhidos à jusante de uma usina
ou pelo furor de um ciclone se amontoam
sem nomes. Somos a obscura máquina de cavar,
o derretimento da neve no Everest devolveu
os despojos dos que falharam em seu intento.
Escalamos o barco que turva o cio dos ricos:
outra dezena de corpos submersos
imprime na água o gesto nenhum. Quero iniciar
um novo livro, o mundo não me permite,
volto-me às sempre-vivas e a negativa
persiste. De que vale, agora que estão mortos,
a chave da caixa de primeiros socorros?
Nada-se para aumentar a área de atrito.
Névoa corpos — tocá-los revela o engano,
já não se parecem com a noiva da fotografia
— tudo moldado à força rinoceronte
que há nos crimes. Indefesos diante da língua,
sucumbem à farsa dos jornais diários. Socorristas
nadam na lama imensos minúsculos
à procura de um hálito que contradiga essa hora.
Acusemos quem suturou a manhã.
Os desamparados têm os seus dias.
Nos acerquemos uns dos outros (nenhuma casa
está isenta de risco) antes que a onda cubra
nossos cílios. Sobre aqueles reduzidos a notícias,
a tragédia não aceita o que lhe oferecemos.

## O CHÃO DO OPERÁRIO

sete horas da manhã estamos perfilados — há
um combate, explica o diretor — entre o ócio
e a força motriz. adiamos a vida que explode
irregular e suja    — há um conflito à vista —
temos a cabeça entre nuvens nesse horário
protocolar — das sete e cinco às nove e trinta
eixos pinos parafusos eclodem quase frutos
da mesma ordem absoluta — travar na placa,
fazer o furo de centro, desbastar até o miolo

tudo justo sangrar sem a euforia dos répteis

um trem atravessa cor de leite a mesa verde
com raquetes pretas
        dez cometas avisam
        lá não existe um centro
        & a lua vermelha
        aderna sobre os cabelos
a mesa preta servida ao som das raquetes
acelera o trem
        verde água marinha
        tudo é incerto
        não há planilhas
        nem *experts*
os olhos mergulham num céu de países breves

há o combate, explica o diretor, entre o ócio
e a força matriz                        polias

eixos pinos parafusos eclodem quase frutos
da mesma ordem absoluta — travar na placa
fazer o furo de centro desbastar até o miolo

porém sobre os cabelos e sobre a vida além
do óleo entranhado nas narinas quem havia
de falar
        a não ser o mais quieto que tirou de
si uma peça (ou flor) chamada excêntrico

# HISTÓRIAS POSSÍVEIS

Na mesa de minha companheira leio
num caderno: "histórias possíveis".

Considerando os sapatos próximos
à porta e sua lista de afazeres, deduzo

que não a encontrarei no ponto final.
Perdê-la através do texto é uma sorte,

afinal escrever é não ficar em casa —
livros nascem do divórcio, da ruptura

que move, aos poucos, os alicerces.
No museu do escritor, o que se troca —

exceto o duro chão e objetos em falsa
ordem — é o tédio das horas inertes.

Quem escreve, apesar de morto, o faz
preso ao moto-contínuo da letra

ideia forma. Quem salta esse abismo,
vê na bagagem amizade: escreve-se

para recusar as visitas ou recebê-las
quando o escrito devorou nosso dia.

Para que os gestos durem, fazemos
do texto uma rodoviária e um berço.

O quarto na periferia, a cadeira no lago
sequestram, por instantes, a língua

— quem escreve não a domestica, sabe
o engano de nomear a própria casa.

PASSEIOS

C/ Wole Soyinka

Numa coletiva de imprensa se espera
o impacto, nem tanto o assunto.
O homem inconcluso traz à cena
algo que não cabe em três minutos.

Fulanis e dogons estão em guerra,
meninas vivem o inferno sob o boko
haram. Ouve-se o entrevistado
e não é sobre a morte que ele fala.

A cada pergunta, uma resposta
emerge de um rio escuro.
A cada resposta, algo escava
o coração profissional dos intérpretes.


C/ Anna Ruchat

Cedo, indo ao correio de bicicleta
tem-se a certeza de que o instante
se resolve quando ausência.
Uma sombra na água omite

o que está fundo — sinal de que
nem tudo acaba. Se for possível
traduzir um poema, leia-se
também a sombra que o origina —

afinal, a manhã se decalca
para fazer o leilão dos gestos.
Vestido, cabelo, nada resta, mas
e a fricção dos freios sobre a pedra?


C/ Dylan Thomas


Primeira lição para explodir
galáxias: escrevê-las desde o campo
onde se organiza
o começo ininterrupto

do mistério. Gralhas —
que erram na noite e se fixam
na página — indicam a esmo
o núcleo a rosa o pulso a destruir.

Antes que tudo se perca,
outra metáfora
põe abaixo a redoma
e mergulha com os hipocampos.

## C/ Carlos de Assumpção

Uma agulha desfere no muro
um tordo — arranha a superfície.
Som de outra era — ou dessa —
em que é preciso ser tudo,

menos um corpo sob a relva.
A alguns passos de nós — os do
Makulusu, ressoam os alarmes.
Sinal de que atravessamos

a treva, viramos a mesa e agora
somos um rio em campo
aberto: nem a barbárie, nem o sal
diluem o que nos faz. E entesa.


## C/ Josely Vianna Baptista

Argila. Eu devia me concentrar,
porém, me distraio. No lapso
entre a mão e a letra
o mundo se nega ao dicionário.

Há tanto no quasar, na pedra.
No grão disperso em que
procuro o céu. Eu não deveria
sair de mim, deixar um rastro.

Mas vou, apuro, erro. A argila
espera o pouso
de uma libélula para abrir seu
código em flor de cera.

# O ESCRITOR DE PLANTÃO

Convidado para uma entrevista, sei
o que dizer. Depois de algum tempo
a fórmula que tudo abarca está pronta,
reguladas as peças do mesmo enigma.
O pacto implica no aceno de cabeça
de quem entre um rumor e outro parece
me ouvir. Conversamos de acordo
com a regra da indiferença, ninguém
atento à ameaça do gás subterrâneo.
De repente, meu rosto contra a parede.
Tirado do sono pela mão que esmurra
alguém ao lado, não me atenho
à regra da cumplicidade: de que vale
a escrita entre gravatas nesse cabo
de guerra? A frase de efeito não escuda
nenhum rosto contra o dedo em riste.
Em queda da cama ao telefone digito
o acesso à letra de segurança e explico
— *estão atirando em latas*
*no final do beco, mas por que os gritos?*
Do outro lado, um silêncio indescrito.
Cessou o litígio entre os vizinhos
ou se afogou no sono quem
não salva a si mesmo? Convidado para
a entrevista que me desespera,
decido cavar os ossos do meu ofício.

## ACIDENTE

A prumo na escrita perdi o seu fluxo.
Antes dos polos se deslocarem,
a palmeira dizia que estávamos à deriva.
Soube quando visitei a oficina de Atílio,
que nada escreveu mas se deixava ler.
As matrizes nas caixas tomadas
pelas teias inviabilizaram a montagem
de algo parecido a um texto. Apenas o fio
da consciência salvaria a oficina: diante
da desordem, a escrita se movimenta
como as aranhas além da teia casa afora.
Não digam que a escrita faliu, é retórica.
Um canto à beira do rio,
uma lasca que intui a montanha — tudo
é comunicação e nos enfrenta.
Atílio recolheu-se ao porão com os tipos
móveis, riscou a mão vermelha na parede
à espera do homem-bisonte.

# CADERNO DE NOTAS

O poema não é necessário, mesmo acabado abre-se num estrago. Penso através dele num largo país rendido. Morre um país? Quem, mãos limitadas, o mata? Logra de fato ou apenas engana em agonia de agosto? O relojoeiro envelheceu devorado pelo ofício. Contudo, conserta melhor do que antes os aparelhos e acena para os cães. Enquanto a vida encurta, seus vizinhos estão cegos mudos e surdos. — Dois amigos nascidos no meu bairro vão a Roma. Os rios entre as cidades não registram os seus rostos — mas, espelho um do outro, esperam soldar a fenda entre gerações. Teias de aranha excitam as paredes, ipês acusam a civilização. Não há trégua nesse ou noutro continente. Não importa o míssil que explode ou não. Não é mais do artefato ira retrátil que se trata. O amor em Roma é ruína e aqui à margem da floresta em chamas. Em Conceição do Mato Dentro um círculo se rompeu: faz 13º C e os mortos sabem a contragosto o fim de tudo: voltavam da peregrinação a Nossa Senhora da Abadia e não chegaram a outros dias. Um recorte de notícia recorda que do segredo guardado a sete chaves deriva o melhor pastel: a Pastelaria China cresceu, trocou funcionários orientais por negros como as feiras de Varese, os locais por orientais. Um carrossel e a fria mecânica das migrações. Sonho uma casa na Mata Atlântica, a mãe e a neblina em simetria. Uma sombra desce, insufla meus pulmões. Não sei o que é, mas sei: quando escrevo, o poema burla o tempo, se necessário.

# STRANGER IN THE VILLAGE

I. ÁGUA-VIVA

Os jornais comunicam que um bloco de pedra desceu sobre a cascata de Rovio, é preciso checar a notícia, não se trata de um acidente óbvio. Subindo a encosta, em direção ao centro velho, pouco se intui do desastre que altera o planeta. Sob nossos pés, acima de nossa cabeça, outra ordem interroga por que habitamos o lado desumano da natureza. Estátuas no largo, placas de inauguração nas estações, hinos à frente do ditador — de que valem se no subterrâneo os líquens trabalham e nós, inertes, não entendemos a forma de um melro.

Onde era o lugar dos mortos tem-se uma fonte, a água crispa a superfície das rochas. Bebemos o presente, embora sedentos de outra sede nos curvemos para o passado. No extremo *del paese* uma igreja a toda prova erguida pelos romanos acolhe e vigia o fundo do vale. Não há movimento que escape à vista desse templo não frequentado. Tudo é febre, recordação de que em alguma parte uma cerca divide os sonhos, que o diga a esposa húngara nascida ao leste do leste da Europa. A cada movimento de braços no arame farpado, os jornais flertam com uma hipótese: cairá em breve a mão que sustenta o pior dos mundos?

Descemos a encosta, os encargos da viagem não
desceram de nós. Visto da menor altura, um rastro
mostra que mal subimos a montanha — caímos.
Mas há quem
submergiu na água cristalina e durou além da lápide.



II. Basel


Na fronteira a guerra *non finisce*, qualquer
motivo expõe as vítimas na atmosfera.
A guerra termina ao redor, à distância num
tratado. *Non finisce* na fronteira. Quando
tudo foi vencido, a cidade fraturada espreita.
Na fronteira se prepara um estratagema,
se falhar na hora h, o que importa? A cidade
será ainda em desafio ao mapa. Idas e vindas
moldam corpos no ar — dentre eles, alguns
maiores do que a história. Vemos nas vidraças
algo que despreza os horários de embarque:
vem mascarado e eriça as vidas sem espelho.
Em todas se demora. A bagagem encorpa
o calendário de neve. Os desabrigados cruzam
o Estige por conta própria, e quem se atira
sob a plataforma não morre —
há técnicos à vista para não vermos demais.

>        NUNCA se vê a cidade
>            que se VÊ
>        nunca nos vê a cidade
>            que VEEM

Quantas mulheres deixam na terra a lança,
o escudo, deitam-se depois de longa jornada,
o corpo em arco. Na margem, dão-se o
descanso de um rio. As cidades se aquietam,
é domingo, não há uma trégua, no entanto.
Se é longo o descanso desta como parece ser
o do país onde se encontra — não o será, nem
de longe, para outra ao telefone sem refúgio.
É domingo — duas mulheres se espreitam
sob a luz do mesmo exílio. O carrossel lança
alegria à sombra, range às crianças e cumpre
no relógio a sua rota. A gente *arriva in treno*
compra-consome o paraíso. O *art-nouveau* da
tarde acelera. A máquina rege suas ferragens.
Aos poucos, enquanto o medo gira giroflé,
gritamos à infância. O carrossel ferido expõe
seus nervos em fuga. Alguém arranha o círculo
para tocar o melro na pintura. A máquina não
cessa de erigir seus desastres. No parque,
crianças jogam à beira da primavera, ninguém
salta, nem os grilos, por medo de um colapso.
A mãe passa azul cabelos presos, nenhuma
pressa. Um pai — faz de conta — se desespera
com a nuvem. A subida da pressão atmosférica
traria chuva, correríamos entraríamos na água
aos gritos. A chuva não veio, a tarde declina
exata — o tédio arruína a morte que há na vida.


um cão ladra — ladra até não ser um cão

não é homem e ladra como se fosse um

que nos constrange por ladrar em público

o que nenhum cão ladraria a um ladrão

A placa oleosa sob a ponte é o rio — deveria
ser líquido para o corpo que o ocupa sorvendo
um sol mísero. Nada nos submete, até que a
vida cobra em dobro desse rio humano sobre
a ponte: saltem enquanto o fogo não devora,
saltem sem o oxigênio de suas economias, do
impacto com as rochas sobrará a lâmina que
pulsa escurecida. O esquecimento dá repouso
aos ossos — há neles o ruído de cavernas e a
seiva em direção ao fundo. Homens descem
de um ônibus, em fila, movem-se sob um sol
tardio. Não discernem a crosta que as lascas
formam no lajedo — não percebem alguém
em chamas na água. Sobem em fila no ônibus
— uma nesga de sol anoitece no para-brisa.

    Nunca nos vê a cidade
        que VEEM
    nunca se vê a cidade
        quase nuvem

Um *foyer* no centro da cidade resume o mundo
por aqueles que o habitam — em suas noites
se levantaram cães armados, não um amigo,
um cão amado com o nome de quem o alimenta.
Comum a todos, a máquina, o escrutínio: para
uns liberam-se os documentos, para outros,
os dados nunca bastam. Todos aguardam, não
importa a chuva que trazem por dentro — nos
dentes uma gastura, a cabeça no queixo,
objetos lançados à sorte. Mortos, porém vivos
para o desagrado de seus inimigos, vão com
um bônus de transporte e outro para o almoço.

Alguns permanecem mudos, fazem-refazem
o que perderam, os filhos serão outros, a luta,
uma luta completa. Aqueles que não tiraram
a polícia de si e os piolhos enrubescem a noite.


III. NOITE EM RIVA SAN VITALE

Vou James Baldwin por uma praça que é toda a cidade,
na Suíça. Vou, James, movido pela necessidade-radar.
O que sou é infinito quando, em silêncio, uma cabeça se
volta desde o bar. Ela também incendeia o lago, pressinto.
É evidente, não estamos na seleção dos melhores nomes.
A neve desce a montanha até a rua onde caminho e tranca
atrás do vidro quem observa, observo. Somos nômades
esperando a tempestade passar — embora não haja sinais,
temos uma caravana — trazemos um rol de inquietações —
as janelas entreabertas são pernas e a qualquer momento
as pedras vão rolar. Vou lendo Cherry B & B, único hotel
que não despreza o cisne essa noite. Os demais, sem pena,
empurram para o abandono. O Cherry B & B é o desastre,
entendem? Algo pode acontecer — numeroso, o coração
despede o oceano e se enovela, em segundos, a qualquer
desarme humano. Nos olhamos, quando iremos? mesmo
com a fronteira fechada esta noite, nos reconhecemos em
outra órbita. O Cherry B & B sinaliza na cidade às escuras
onde os escafandristas poderão emergir. O silêncio é um
fardo apenas quando — sob outra máscara (B & B James)
informo à imigração qual o ritmo dos meus documentos.

IV. À LUZ DE BELLINZONA

Perdão, não para os que vendo avançar a sombra
fecharam, mão no rifle, a escotilha do último andar.
Não para o ilustrador de livros que ante a morte
dos inocentes fez o sorriso no arpão disparado
contra a jubarte. Não para avós, tios e amigos que
sabendo a guerra atearam fogo — língua voraz —
sobre a folha seca. Perdão, não para compadres e
chaves que velando o sangue à mostra, covardes,
trancaram a manhã. Não para os homens públicos
filiados à rapina. Não, não para a justiça cujos dons
foram a leilão. Nunca o perdão para os cúmplices
que negaram com armas a flor, a paz, o rio.
Para os demais, que não perderam a alma, a ciência
dos nomes, a vida inteira — o esquecimento não.



V. CARTA A MEIO CAMINHO

Abril não é o mais cruel dos meses, nós o somos.
O genocídio visto à distância não é visto,
ainda que o vento sopre violento contra teu rosto,
tens um segundo antes de precipitar-se.
Outros, sem a mesma chance, não discutem
com suas esposas,
não as tornam felizes porque as amam — outros
desejariam o vento à beira do lago riscando
com veemência o seu último instante.
Nem isso, suas malas florescem ao contrário,

com objetos roídos ante as portas do paraíso:
*do not cross the railway lines.*

Estou menor que tudo, o rio ao lado de minha casa
não parlamenta, deixa-se ir em direção
ao lago, que o repele.
Uma lista de livros junto a outra de problemas
te impediu de permanecer sob a árvore,
distraído e atento. Uma lista ultrapassou a outra,
no final de abril — ou sempre — de modo que não pudeste
conversar com tua filha no almoço, sem alternativa
embarcaste até a margem.
Não queres pensar, exaurido de toda prova,
recolhido em tua pele.
Os distúrbios das noites. As noites. Os distúrbios
como um fruto nas mãos do homem velho.

Não há redenção, enganam-se os fiscais que pensam
conduzir-nos à próxima estação
— quisera ter ao alcance uma cimitarra.
O cinza nos trilhos de Arth-Goldau me lembra
a inutilidade dos domingos
o sal fundido à brasa
os comensais
a carne ciumenta do fogo.
Quem se atreve a tirar o cachorro de cima da mesa?

Se há redenção, chegamos tarde
para enfiarmos os pés na grama, apesar da ferpa
sob as unhas.
O vento rufla — teu melhor agasalho.
Queres distância — o genocídio te atravessa — queres
uma fruta,
o livro do poeta estrangeiro,
a alegria do teu filho com as primeiras letras.

É pouco o que podes.
A superfície do lago encrespa,
seus habitantes se refugiam no que foi um barco —
é natural que também queiras essa ilha,
movediça ela se distancia.
Teus pertences não te pertencem, tua pedra em forma
de tartaruga regressou à pré-história.
O rio ao lado de minha casa se afoga.
O vento é o capote de que precisamos, um sopro
para quem chegou nas cordas.

SONAR

I

Sob a árvore longeva o que foi escrito,
a altura, o sexo se resumem em grão.
Depositou-se aqui para não morrer
o estupor com a injustiça e o pensamento
que por si mesmo não se levantaria.
A árvore cresce com as direções. Cabe
regular e rubra nos bolsos de Lisboa.
Nem só fraude oferecem os cartões
postais — há também os ângulos
apodrecidos, frutos loucos em casas
álacres. Para alcançar a vida na história
punge-se a pedra, o sol, o mar, tudo
o que não é árvore na própria árvore.
Em meio à praça, sem o chapéu-marquise,
tem-se a partilha da flora. Quem segue
para o trabalho obriga-se a cruzar esse
corpo agasalhado em gaze e cortiça
à espera (e nada pode além disso)
do que foi um dia sopro, acidez e carne.

II

Sob o Rio de Janeiro, uma casa alagada.
Nenhuma surpresa para quem ocupa a margem
da cidade. Ante essa notícia e a erupção de
outra voz na dublagem, quem se afoga se arvora.
A miséria no fundo do prato não dissimula
a economia em guerra contra os que fazem
do seu braço sua morada. Não é de agora essa
histeria: toda manhã um furgão lança o sonho
em livros sacros, lança-chamas do impasse.
Um furgão insone pelo subúrbio, que abre
as portas e cospe homens em nome de quem?

Contra o amor sem corpo excedem os anfíbios.


III


Colônia é um fio rígido apesar das bicicletas
em espiral nas ruas. Seguimos a fome pública.
O ar saturado ruge debaixo das janelas
e nos confrange. Os mortos daqui somados
aos do meu país me diminuem — somos parcos
se a mão não puxa o corpo alheio para nós.
Há sempre um rio nos lugares onde se atira
— retido sob curvas de ferro, ele corre menos.
Pedras da memória germinam na névoa,
mas não impedem que numerem, outra vez,
os pulsos: o futuro vai às feras. Numa sala
com teto alto estiro o músculo para evitar

a poda de uma árvore. Decifrado esse sonho,
vejo sob ameaça o desejo,
a entrega acesa, o corpo nu, a mão espalmada.

## RODA-VIVA

Um carro atravessa o pátio aos golpes,
corpos adoecem o sótão, outros tecem na grade,
traficam-se poemas num país onde o sol
oculta os cadáveres.
Alguém abre túneis ao sul e ao norte,
sem esperança suas mãos esculpem a pélvis.

Na terra de ninguém (tua cabeça), a coragem
atrás dos óculos. Devastam o arco-íris ao gosto
de quem fabrica mortos.
Há um sinal na testa de quem não contesta.
Os atentos estão mudos.
Um mesmo sol alenta o riso e as sombras
do passado: o futuro. A MEMÓRIA traça o rastro
a que tudo se reduz, vertigem: o azul turva
o fogo de quando éramos humanos.

Carnaval, não importa o país que habitas,
a matéria escura no peito rege o mundo
como um vigia. Os vagões torcidos na gare
recordam a oxidação que desfila em tuas fibras.
Não há, em meio à alegria, uma célula
atenta à morte, mas e a consciência, essa
agulha que deseja, às vezes, o fundo da caixa?
Mascarados têm humor, o rosto sob a máscara,
nem sempre — a euforia pesa,

a explosão de Ítaca espalhou corpos por todos
os lugares — e mesmo assim a banda toca.

O país que adoece seus felinos não merece
figurar no mapa.
A vida nos impede de aceitar o que a torna breve.
É sobre seixos galáxias orcas que se trata
quando um rosto se desmascara
e abusa do poder: por que não aprender
com ele — para revidar —
aquilo que faz de nós os seres findos?
Apesar da grade, polvos pulsam, seus nomes saqueados
não têm sede — movem-se
sob as barbas.

O país que adoece mata suas árvores merece
afogar-se nos seus coldres:
o que esperar
de quem tropeça nos calcanhares?
Os vagões no país oxidado arrastam o monstro
pela gare — quem pode
embarca a qualquer hora,
não há viagem para quem demora no velório
do próprio sonho.

Carnaval — os gêmeos fogem à estrela da manhã.
Onde quer que habites,
o mundo não é a nave que os tiranos lubrificam
em dias nacionais.
Sábado — o carnaval — o sol —
os arlequins são corpos — grávidos explosivos.

## ATELIÊ CAIMÁN

I. Digitais

Esse é o primeiro dia em que acordo
com um novo nome, as cirurgias
escavaram outro corpo em mim.
Apesar do risco, consenti as mudanças:
caves onde havia uma planície;
curvas onde as retas seguiam tristes.
O novo corpo se impôs
para espanto de quem via em mim
a mola das gavetas.
À distância de salvarem suas vidas,
muitos estiveram comigo —
afinal, já não podiam
imaginar minhas reações.
A hesitação não durou — um corpo
se molda ao mundo em mudança,
casas são reformadas, a cidade troca
de solo, mas algum dia
alguém se lembrará que foi réptil.

## II. Conflito

O *ficus* rebelde ao concreto
migra para os encanamentos,
veda a circulação da água,
coloca o homem no seu lugar.

Chamam o serviço público.
Corta-se
o caule, cobre-se com cimento
o sol da Malásia.

Uma radícula, no entanto,
se esconde sob a língua.
A árvore suspende o projeto letal
fragmenta-se sob o alicerce
e retoma o seu continente.


## III. Jaccottet

Durante anos traduzi teus poemas.
Isolado no Cantão Vaud, sabes
o nome dos cogumelos
e a força de um coice de alce.
Uma noite bati à tua porta
com uma carta de recomendação.
Não me esqueço do teu apreço
e do ar frio ao redor.
Fomos honestos, mais ou menos
convencidos do resultado

dos teus poemas em meu idioma
ou na versão original.
Tua companheira escreve
diante da lareira
enquanto limpas as próprias escaras,
ponto final da metafísica.
A morte traz a compreensão mineral.
Teus olhos se apagam.
Sem que seja importante para ti
ou para mim,
deixamos em branco esse poema.


IV. Storni

Durante anos tua poesia (gema
obscura) me traduziu. Escrevi
sobre a tua escrita para aprender
os declives. Quando torceste
o tornozelo em Sils Maria,
o médico pressionou teus ossos
e o meu pulso dizendo
para pisarmos com menos força.
E disse que há algum tempo
tínhamos nos multiplicado em um.
Não sei se essa fusão aborreceu
a senhora do hotel: de repente,
seus hóspedes eram singulares.
Como estávamos em país estrangeiro,
seria honesto entregarmos
um dos passaportes, adiamos.
Não deixamos de rodear o lago.

Talvez ali pensaste em sair da vida.
A natureza insinuava um mundo
seguro dentro de ti — finalmente
me senti pronto para não escrever.



V. Lispector

A palavra débil no dia em chamas,
atados ao canto não cantamos.
A lembrança de algo ruge no poço,
notícias chegam em papel-êxodo
enquanto alguém cava sob a janela.
O que se planta não vinga, há muito
a cidade caindo dos ombros
não é mais o túnel final: morre-se
no apartamento e sob o viaduto.

Nessa hora, como em outro tempo,
cobre-se o rosto das mulheres,
homens também são prisioneiros
: aqui, entre uma represa e a casa,
lá, entre o arame de um país e outro.
É noite, um roedor vem para fora
do buraco, uma flor na escarpa,
um peixe desliza sobre as pedras.
Seria absurdo se alguma
palavra fraudasse esse momento.

ESCRITOS NA CASA DO CISNE

O dente 37

No tempo em que estamos mortos, não há beleza
 : helicópteros são pássaros.
Nesse tempo há, e não se poda, um apelo ao que
 está sob os escombros
: corpos, ideias — o futuro. Estamos, ainda é esse
 o tempo,
mais pobres, ameaçados e mortos. Apesar disso,
 não aos juízes
podres — corte-se da foto quem esconde a lâmina
 sob nossos poros.

*

Os pombos voltaram a fazer o ninho no telhado.
 Tua exasperação é grande,
 afinal, pagamos pelo serviço
 e garantiram
 que, uma vez vedado, nem sombra passaria
 pelo teto.
A manhã trouxe o ninho.
Arisco quintal da infância. Mais alegria lá do que
 nos portões
 da GM-exploração & Company.

Deveríamos recorrer ao veneno, insistes.
  Talvez.
Isso mudaria a severidade das segundas-feiras?

*

Por medo, abolimos a dúvida e portamos a última
  bandeira (nesse que é, outra vez, um tempo de
  hastes e cutelos).
Deixamos a culpa à mostra e, adulando-a, nos
  sentimos perdoados.
Uma guerra é travada nas bocas, os argumentos e
  as armas chegam de instrutores alojados na
  base do cérebro.
— Quando tomaremos de assalto nossas cabeças?


ALICE

Pela queda de um fruto, sabemos — houve um golpe.
  Sobre as sementes e a casca,
    o apodrecimento avança no ritmo de mãos aos
    cofres.
Quem deveria apanhá-lo, se adapta a novas funções.
  Trair,
    esse verbo envergonhado, que age pelas costas,
    tem finalmente sua cadeira.
Ao levantar-se, percebe os parceiros em roupas de
  percevejos:
    parecem ainda mais despidos — de honra — ao
    morderem a vida alheia.
Tudo soa bem — para isso, se empurrou à merda

    o país: afinal, não há por aqui nenhum fruto
    em desatino.
Mas nada está bem, vê-se pela cauda que o velho
    monstro não consegue esconder.
Na esquina, amparado a um poste, o livreiro insiste.
    Não há nada que o impeça, nem o apelo de
    apodrecer ao sol.
Está sentido e puto, desencantado, o meu amigo.
    Com o acervo entregue aos credores,
    o que fazer
    das ideias em tempo de suicídio?



## Hamelin

Os homens da lei passeiam a praça coberta de folhas.
    As amarelas rendidas ao outono.
Os homens da lei saíram do ovo e vigiam por vigiar.
    Passeiam, dizem os homens da lei fora da lei.
Sem que fossem convocados, os homens do sistema
    L desligam as comunicações e velam suas calvas.
Crianças saem a seus pais obtusos: retratos de família
    contra o futuro. Os homens leais aplaudem,
    homens de bem
    com a toga entre as pernas — atrás deles um
    pugilato entre compadres.
A certa hora, os homens da lei sem lei se enfurnam
    nos buracos. Lá fora, longe de suas indecências,
    uma pedra rebelde se atira à vidraça, alguém
    esparge veneno pelos encanamentos.

## Revista

A mão do Estado vasculha o interior das roupas,
    mas desejaria alcançar o corpo.
Sim, virou revirou os bolsos e os nichos dentro
    deles.
    Fez a volta aos botões,
    mas desejaria fazê-la ao umbigo.
Segundo o protocolo, para intimar a intimidade ao
    distrito sem, no entanto,
    violar aquilo que está violando.
A mão que precisa ser cortada vinga em estados de
    exceção. Serve-se da pele
    que investiga,
    busca nela a ideologia de sua ação.
Considera-se absolvida a mão do Estado. Se estivesse
    absorta na generosidade do corpo, talvez não o
    matasse,

    a suicida.


## Floresta

O título que recebeste não mudou tua vida, mas o café
    que pagas a um anônimo é um começo.
    Mal terminada a semana, os grous arrancam-te o
    sonho, que imaginavas justo.
Te chamaram à diretoria cientes de que não reagirias.
    Se o fizesses, colocarias em risco aqueles que
    oferecem suas cabeças à lâmina.

(E eles apreciam isso).
Demoraste a perceber a solidão de teu gesto: à tua
　volta ninguém se deu conta da voz que roubara a calma
　à manhã
　— por favor, antes que nos capturem precisamos
　explodir suas estações.
À volta ninguém percebeu os séculos de perseguição,
　(os cães treinados a varar a noite),
　mas tiveste o tino de amarrar ao corpo esse
　artefato que levas à sala da diretoria.


Noturno


Se os poetas a temeram no passado — um por
　imaginá-la indo à morte por tocar a esfera
　e outro por intuí-la no calor da cidade
　estranha
　— por que não exibiria o horror nas pupilas
　o recém-chegado?
Um pardal furioso desce sobre os farelos. Ao
　seu impacto, o menino cresce. Logo os
　pombos lutam pelos restos.
　A infância se enerva.
Uma boca derrama os seus amaros signos. Não
　é a bruxa
　o morcego não é
　e nos perturba.
A boca que rediz não sutura os pássaros. O seu
　guia é contrário à paz das almas.

## Pastoral

I

Aliciantes empreendedores da salvação tiram-me
  a vontade de ter fé.
Vendem vagas, café da manhã e *pretzel* incluídos
  — e mais, o direito ao céu.
A sorte de abandonar o ego e o emprego — poucos
  a têm.
"Estamos órfãos", vociferam à entrada do hotel.
[ *bu* ]
As línguas mudas denunciam a ilusão e o paraíso.

\*

A manhã reage movida a rímel   — dá-lhe tu,
              que aceleras os rins.
Doemos tudo pelo tiro que atravessa o livro e, se
  calhar, os cílios.
Temos visto demais para não sabermos ver : ali
  a praia, o rochedo, a Urca,
  um recado, o que escrevo — guia em voo cego.

\*

Elegante, nesses dias, só o martelo — anterior a ele
  o gesto.
Depois a cinza sobre o cinza, um muro de defeitos
  destruído — aquele capítulo,
inclusive, a que o mundo parecia reduzido.

## II

"As impotências da empresa" — pondera o jovem
  ao lado — "como escondê-las?
  Melhor falar delas — não
  como um pênis amolecido, isso constrange.
  "O pior é o fim do ano sem *resort*."

\*

"Esse é o teu ponto de vista" — interrompe a jovem
  à frente.
  "Mas não
  esqueças" — retruca o gerente — "esse é o teu
  emprego. Não reveles que
  a empresa
  não penetra
  o coração do mercado."
Ah, eu desejaria dizer-lhes: salvem-se demitam-se
  metam-se
  com o nariz no infortúnio — vão gozar o céu
  lá fora.
"A impotência" — reza o gerente — "oferece um
  prêmio aos destaques do mês".
Não me arriscaria a dizer-lhes — rebelem-se — Não
  é isso o que esperam
  — esses da mesa ao lado, pelo menos.
Expulso da gramática que fossilizaram, caio na
  vida, nas mãos um petardo elevado à décima
  potência.

III

Uma qualquer partida de um qualquer esporte no
   vídeo.
   Videntes prognosticaram a saga do novo herói.
O velho que há no heroísmo se esforça por atrair a
   ATENÇÃO
   o dia é dos fracassados
   : diante do vídeo, seus dedos enforcam o tenro
   cigarro
   : a fumaça exala da xícara, um frio intimida
   a velocidade.
O herói estremece no gramado, levam-no para a
   sala de recuperação.
   Levantam-se os protestos.
Não há oxigênio para os fracassados que assistem
   a invasão das moscas.
A sala se estreita, voos rasantes tingem o céu
   de chumbo,
   o herói esconde o rosto.
Nessa manhã, deus tem as barbas horríveis e a pele
   falsa de suas palavras.


IV

Afinal, não foi tão indigesto. O monstro, em postas,
   nos levou de volta aos dias de obrigações.
   A primeira: tirar proveito do imolado.
A ferocidade acordou dentro de nós. O que esperar
   senão a aderência — tão nossa —
   à pulsão de morte.
Não foi complicado. Queríamos o reconhecimento
   da obscenidade,
   mas ela pertencia ao monstro.

Agora somos irmãos, eriçamos a violência a ponto
de constrangê-lo.


V

Uma farsa de verdade vale mais do que a verdade
— isso não depende de quem leva a máscara
nem do sol a pino.
Não depende do aceno que um varredor de rua
aguarda
nem das férias que a formiga concede à cigarra.
Não depende do abraço que ensaiamos para algum
aniversário.
Não depende de boa vontade.
A farsa verdadeira toma lugar à mesa, vacina-se
com o asco
que tens do teu semelhante.
É dela o cetim que vestes mas *Impróprios são os
outros* — dizes. A farsa verdadeira
não mente
— onde iludes Amém, ela sentencia: mercado.

# CITTÀ LABIRINTO

I. Genova Nervi

As crianças deveriam nos odiar nessa tarde de sol.
Para elas, o tempo é de nenhum compromisso — tudo
o que as chama tem o valor de um cedro incendiado:
com ele se poderia jogar. Sem saber que nessa idade
há mudança, não adiamento, as crianças se irritam,
enquanto seguimos o poeta e sua esposa pelo jardim
de rosas. Alguma grécia persiste entre os canteiros.
O mar à frente, arranhado de embarcações, não adia
a morte nas pedras. Lemos numa placa que à beira
desse penedo caminhou Tsvetáieva: poetas respiram,
ainda que ausentes, adverte a via tectônica — não são
apenas galhos empurrados na direção da ferrugem.
Queríamos avançar até o fim da tarde, as crianças
foram e voltaram tirando de nós qualquer surpresa.
Será esse o embate? antes de desaparecermos alguém
nos diz o que havia antes e depois, o sul e o norte?
As ondas escavam os pés da cidade; esquecidos das
fotografias, fazemos o trajeto que por ora nos cabe.

## II. Hotel Helvetia

O rigor do nome — helvetia fora da Helvetia — cede
aos ruídos. Haverá alegria em ser estrangeiro
se partir ou ficar for uma escolha, não uma ordem.
Às vezes, ser feliz é uma forma de autodefesa. Nas
fissuras do hotel tais confissões permanecem à
espera dos leitores de fósseis. Não durmo sabendo
que desde 1585 outros corpos se enovelaram nesse
útero transformado em cartão postal. Um tremor
no papel de parede — algo se infiltra sob os lençóis.
Acendo a luz, nenhum hóspede no corredor. Há
leis que nos impedem de fumar, mas sinto a fusão
das partículas e a tosse. No café da manhã, talvez
me perguntem algo, talvez não. Entre as saídas
e as entradas, a vida não se diferencia de outros
acontecimentos. — Não se engane, em alguma parte
da cidade alguém escreveu no muro, indignado —
*Il cielo non funziona: e allora aggiustatelo*. Diante
da palavra cravada na pedra, alguns aceitam esse
desafio, me recuso. Caiam os andaimes, os líderes
infames, turve o sol, a terra pereça — ninguém
precisa de mapa para se perder. Das pessoas que
não reencontrarei ficam o mar, a nuvem alta, as
coisas largas. Alfabetos conspiram para errarmos
nossos nomes, cada um leva seu *iceberg* e sua
palmeira, algum deus apto a gerar uma guerra.
Também por isso nos reconhecemos, párias sem
carapaça, expostos a uma interrupção da viagem.

III. Buco nero

Entre o Palazzo Ducale e a estação ferroviária, todos
os becos conduzem ao porto — basta que se deixe o
coração adernar. O porto é o ponto final dos becos,
não a conclusão da frase. Não existe ninguém que seja
dessa cidade, ouço a voz vermelha de Giorgio, minutos
depois de nos conhecermos. Tudo é deserto, insiste,
mudaram o porto, trabalhadores deixaram de gastar
nas cantinas. Grandes famílias pilharam os nascedouros
e cobram pela água das torneiras. — Não adianta lhe
dizer que o basilisco no aquário é enigmático como
nas florestas tropicais e que os lamantins nadam
à velocidade de um poema de Senghor. Giorgio ama
dizer que não ama as paredes inclinadas nem o vento
multiplicado em setas pelos canais secos — mas isso
e as crianças do bairro de imigrantes o impedem de
partir, um milagre nessa cidade onde as malas sonham
pelas ruas. Há sobre as portas endurecidas cinquenta
incisões de São Jorge em luta contra o dragão. Giorgio
se aposentou, não quer outra vida senão essa, em
sombras nos becos. — Talvez viaje quando uma voz
marroquina, saindo do palude, muda o eixo do mundo.

IV. Spianata Castelletto

A comunhão nos impele a comer e a beber esquecidos
da fronteira a poucas horas de casa. Num país
vizinho, um saque. No final da noite, o saldo apagará
os mais fracos. Temos sido incapazes de atos que

alterem os acontecimentos: o que se precipita é sujo,
nervoso. Aqui, o mar e o bosque se impuseram ao
cheiro dos corpos. Houve sede (diz o anfitrião),
embora nem todos os rios congelem no inverno.
O que a guerra faz à natureza? (Se exaspera, estende
a mão e não alcança uma nêspera.) No outono
as folhas exalam um perfume de culpa. O fato de
estarmos bem não afasta os erros nem alivia o fardo
às costas. Tortura-se a juros ontem e hoje e não
se pode, apesar disso, desistir do sono ou do sonho.

O mal está reunido em conchas num colar materno,
tem a boa intenção da enxada que o pai finca na terra.
Se retiro um livro da estante, se vais à feira e escolhes
um fruto, também matas, somos terríveis. Vistos deste
terraço, a cidade e o porto não se apartam — daqui
Giorgio Caproni afrontou a mistificação da palavra:
tudo é em si, pedra sem exagero. Descemos ao centro
por uma rua enleada à salsugem. O vento contra
os telhados — janelas fechadas — o vômito de algum
viajante trincando a estátua de Colombo e a paisagem.

# CANÍCULA

Lá fora é um jogo de montar, penso, desde que parei de acreditar na realidade. Refazê-la é o modo de expor o olho do armador e a condição para que meus pares, defendidos do risco das grandes lutas, me dirijam elogios. A certa hora, quem separou o fio da navalha hesita em erguer pontes — amenizam o exílio, mas através delas os violentos atingem nossa consciência. O que dizem meus semelhantes empenhados em secar o oceano? Estiveram comigo na boca do lobo, mas esqueceram a trilha que nos levou salvos à clareira. Não é justo fazer perguntas no início do verão — um leve óleo sobre a pele nos transporta além da orla. Mas o tempo não é dos melhores. A mãe que adotou um órfão etíope tem alucinações, as ampolas com medicamento formam um laço ao seu redor. Quem salvará quem? O farmacêutico tem a resposta e se recusa a compartilhá-la. A fila à porta do seu negócio me diz que só é possível enlouquecer aos poucos. Operários encaixam as peças numa obra, plantam no deserto e mesmo habitada a casa não estará completa. Alguém corta os pulsos dentro de mim e sua sombra se debruça à mesa. Cercas crescem em altura e extensão, é cada vez mais difícil alçar os filhos acima do arame. Aqueles que o conseguem não descansam: há sempre outro muro para assustar os corpos sem armadura. Alguém recebe uma carta de amigos que esperam

salvá-lo do seu próprio país. Ele é digno de confiança,
afirmam, omitindo que assalta a linguagem para traduzir
o sangue derramado. Encerradas, as guerras prosseguem,
quartos se estreitam, viaturas atropelam as pernas.
Crianças retornam à escola e sobre o quadro a mão
hesita: algo não pode ser revelado, algo precisa ser dito,
— onde a inteligência para extrair os dentes do monstro —
e sobreviver? Esse momento antes de se dissolver
prendeu sua lâmina numa grua. Se ela cair, rasgará
nossos olhos. Num barco inflável, um grupo enfrenta a
passagem do ódio ao repúdio, me desespera seu desespero,
seu canto saído das explosões. Posso escrever que
a névoa nos redime, mas não encontro no dicionário
a ríspida alegria. Uma draga me suga em meio aos detritos,
após a tempestade. Era verão, alguns corpos se distraíam,
outros foram destroçados. No instante em que penso
neles, me esforço para voltar ao jogo
e descansar, quem sabe, à sombra real de uma árvore.

## FLORESTA ÁCIDA

I

Os *cormorani* — pássaros protegidos por lei,
defecam na copa dos pinheiros,
suas fezes criaram florestas fantasmas
que atraem os turistas.

II

Os *cormorani* que deixaram de ser aves se
protegem, há muito rapinam as almas.
Do alto dos edifícios, defecam a rispidez
dos rifles — tendo ou não um alvo, disparam
ácido sobre os transeuntes, os carros
e a luz da manhã — ao vivo nos telejornais,
defecam — no discurso, na oração defecam
celerados os seus crimes. No baile a fantasia
sequestraram a canção — *the wonderful world*
cheira a napalm. Eles são a morte sob penas
jovens, burlam cofres, não veem a janela
do caos. Flertam rezam os *cormorani* defecam
sobre suas casas na praia — deixaram de sonhar
e executam os lírios do campo. Avessos

à filosofia, não distinguem barreiras de corais
de barreiras comerciais, mas se realizam
ao constatarem que seus intestinos funcionam.

III

Dia após dia os *cormorani* vestem o mesmo terno,
sobem como estátuas aos seus escritórios —
quase distintos. Deixaram de ser pássaros em
nome de outra forma de lucro. Se antes cada
mergulho valia um peixe, agora nem é preciso
arriscar-se para exaurir o lago, basta abrir a boca
e sugar o sal do alimento alheio. Os *cormorani*
têm a própria marca e a oferecem aos segmentos
do mercado — sua eficácia é garantida pelo
declínio, furto & derivados que proliferam no
submundo das heranças. Os *cormorani* aprovaram
leis de proteção às suas atividades, tudo
ao seu alcance é capturado, ainda que ilícito,
darão um prêmio a quem furtar mais benefícios.

IV

O musgo afetado pela fúria dos *cormorani*
ameaça reagir.
A lei que protegeria a todos degenerou —
sua balança equilibra cadáveres.

# HISTÓRIA SOCIAL

I. Bétulas

Como certas árvores, provadas na ira,
vamos à frente curando a terra para quem
irá florescer. Estendo os braços ao mal,
seu revés depende de sabermos devorá-lo
por dentro. Estendo um arco na floresta,
em direção ao incêndio — não penses que
sou como eles, não és, eles não merecem
a tutela das árvores. Por causa deles,
cada rosto é uma máscara de gás e o
homem que se dizia sozinho na América
assim está: os átomos e a fome provam
que refazemos hoje o sacrifício de ontem.
Alguém conserta os dutos subterrâneos
e a finalidade para isso não é clara.
Trabalhadores esperam ser indenizados,
as gruas volteiam sem norte no ar.
Não adianta falar sobre o indecifrável
com pessoas conhecidas, embora elas
saibam desaparecer na chuva. Na manhã
a geometria dos gatos é um acinte.
Não estamos sós — no fundo da paisagem
a fábrica de mortos fecha as portas e a ceifa
não cai na conta de ninguém. O problema
é o que as árvores registram de tudo isso.

## II. Linguística

Um besouro imóvel diante do muro.
Sua análise demora e o muro, nessa hora,
é mais rígido que a sorte.
Protegido na casca, o besouro não tem espaço
para manobras — testa o canto, mas
patina. Quanto tempo dura sua luta se a cada
esforço cresce o que não respira?

Nós, que confinamos um oceano sob a língua,
o que faríamos?
Quando vemos o céu aberto, o que mineramos?
O besouro estuda, quando parece anulado.
Antes que tua língua se entrelace à minha,
a carapaça voa do dilema que não existia.

\*

Um número agressivo de borboletas na haste,
não sei falar sobre elas — o jaguar me decifra.
Preciso que suas unhas rasguem
o sonho para saber que não sou um envelope
sem mensagem. Há um mundo em conversação
e permaneço à margem sem entender
o instante em que fui expulso da linguagem.
Isso é desvio de pensamento, diria um cacto.
Se os insetos mortos continuam numa frase,
o que há comigo, de pé, mas impossibilitado
de distinguir o objeto anterior ao nome?

\*

Numa casa à entrada da floresta
o convite para o roedor noturno
subir à mesa e, furtivo, como furtamos
das árvores, agarrar o pão de centeio.
Aos sete anos, a linguagem não
perdoa assaltos inesperados. O luto
não é pela perda, mas pelo sal
que outra boca deduziu antes da nossa.
Com os farelos seria possível
mudar a história da música e tirar
num gesto a vida do precipício.

Outro mundo se descolou da noite
— letal, sem promessa e ainda
um mundo. O roedor voltou à floresta
mas o que houve nos cerca
com a antiga fome e uma centena
de mortos. A casa tornou-se outra,
com algum esforço colamos o pão
para nos saciarmos com o álibi.
Outra é a noite, pouco se distinguem
a casa e a floresta. A essa altura
comer nem é a vontade primeira.

III. Roda

As coisas estão indo para o ralo. Não há sucção,
estão indo por conta própria.
Uma girando sobre a outra alarga o diâmetro
— onde não passaria um átomo, deslizam
arranha-céus, baleias, pontes.

Eu mesmo e a coleção de discos, um viaduto
e as vítimas da epidemia. Os vivos, os antídotos.
*Ainda não são três horas*, alguém escreveu
e a fila se alastra em direção ao ralo.
Dos silvos na floresta mal se entende se acusam
ou perdoam quem é tragado indefeso.

IV. Nota oficial

Um homem do governo disse — os velhos
devem morrer.
Um homem.
Um.
Disseram antes, continuarão a dizer.
Na metáfora o vento arrasta folhas e elas
não dizem quem morrerá daqui a pouco.
Grávidas das estações, deixam-se levar
a um tempo aceso. O homem do governo
insiste em prever os custos de uma cova.
Além do jogo de xadrez, que atrai
os cabelos brancos, trama-se a grande
extinção por trás do teleprompter.
Enquanto as folhas murcham, as pessoas
com pulmões não têm intenção de trocar
o éden por um plano de desmanche.

# CONFINAMENTO

I. Anúncio

A mão faz o gesto de girar a chave,
não arrasta mala ou sonho
em direção a outra paisagem.
Lá fora um rastro de espuma
entre arestas. Ninguém se arranha
no que ama, tudo se afasta
no campo. Algo com a saúde fóssil
burlou a divisa do município.
À revelia dos antúrios fechou estradas.
Ninguém entra, sair apenas
sob névoa e susto. Algo mineraliza
o contato e — insidioso incêndio —
percorre a casa dos pés à cabeça.
Lá fora, entre revistas indevidas
e devassas sem razão, explode
o que amadureceu seus esporos.

A mão insiste, arruma os cabelos,
puxa da gaveta o dia de ontem,
não há sopro, exceto pelos táxis
em relevo imaginado. Não se ouve
o tiro na vidraça, a compaixão
digitada, um negócio às custas

de alguém, o trator roendo o viaduto
— a feroz indústria. *Algo se adivinha*,
no entanto, e detém o que havia antes.


II. CONCHA


O que dizíamos (metáfora) agora
é bicho na parede, esterco, planta
adaptada à sombra —
intimidade ardente convertida em cera.
Agora é
ante a ignição cortada.
Agora é
vingança ao que havíamos recusado.
Opostos em tudo, tardios para a colheita
somos sob a grade *fiera*.
O que fizemos e se desfez é menor
que a macega.
Outra viagem sem valise se inicia:
não há território à vista,
mas e a floresta
o açude
subtraído às pupilas — essa orquídea
salva do saque
aterrando no teto em que morríamos?
E o rito liberto de nossa fome?
Quem se imaginara seguro no cofre
entre apólices,
vendendo a argila aos cascos,
está só e nada pode contra os resíduos
do próprio corpo.

O mundo dentro da casa inferniza
e acolhe — franja que é do ipê branco,
da horta
distante,
do magma anterior aos turistas.
O catre e o aparelho de emergência
provam
que sorrimos apesar de nós mesmos.
A metáfora se enflora
outra vez para o ato e a vertigem, outra
vez vencida quando se enuncia.
Outra, porém,
nessa hora
que não acaba quando termina.


III. Via estreita


Tua mão sobre as coisas busca a força
que por faltar
nos ajudou a chegar até aqui.
Acumulas retratos, certa página de jornal,
um osso,
a interna cor de um fruto,
algo além da casca que nos tornamos.
Em breve as rodoviárias
serão abertas
e os mercados,
a rota final para o Himalaia.
Iremos a Tânger
e Catas Altas da Noruega. O extremo
continente,

os canais conectados nos pulmões
nos tirarão de casa
e o risco terá outro nome:
— De onde vens? O que pretendes aqui?
Não há lugar, retorna ao barco,
ao teu país.
A mão já não faz um gesto, *mas dança
em palavras* — o ar
                            lá fora
aqui dentro
                  conspira pela folhagem.
Lê-se enfim o aviso no corredor
(há sempre um — urgente)
: não era questão de sorte o remédio
nem de herança.
Quem não soterrou a cabeça flagra ainda
o sol sobre Dakar.

## CENA TARDIA

A nuvem presa a céu nenhum pesa mais que um teatro.
Feita não do estado natural, mas da memória, se avoluma
esperando quem a apresente à irmã de agora. Não mudamos
a ponto de compreender sua carga conflagrada? ou a nossa
vem de um capital interesse por calibres, alvos e trancas?
Não se vê impune o traçado da paisagem: onde os carneiros,
a pedra-pomes e outros esboços — onde o trevo gravado
antes do vórtice, houve um ciclo com aragens rápidas
e nervos estendidos — tinha-se o braço ancorado na pedra
e a rendição do esterco às borboletas. Sob aquela nuvem,
não desta que se desprende de um viaduto, nos preparamos
para o que viria? E deveríamos? Porque é indizível a afronta
da água e imprevisível a ronda dos insetos em nossa noite.
A nuvem feita desse instante nos salva de todas as certezas.
Densa escura saída de um quarto de hotel ou de um poema.

BEACH COUPLE
EMILY ANDERSEN LONDON UK 1986

O que se vê
é uma imagem
com água
pedra
e um casal na areia.

A linha do mar
se cruza com
a vertical humana

em reverência mútua
ou em secreto
embate.

Não esperem resposta
da fotografia
que fez o tempo refém
em p & b.

Caem sobre ela
resíduos
de avelã e morte — signos
de que se vale

para dizer: o mundo
não é fácil,

seria melhor sem ti.
Mas, e a arte?

No ar frio (ou na foto?)
se acende
a mão
da mulher
no ombro do homem,

a dele em sua cintura
não é um dique
contra
a fera
que os vigia.

# IGNIÇÃO

Duas pombas lutam pelo osso de outra ave, o ramo
de amora não ultrapassa o muro, os frutos apodrecem
e o tempo selvagem ainda nem começou.
Furtaram os viajantes, a viagem permanece, nossas ideias
e coração se conectam acima dos prédios e do grande
vale. Porém, é mais do que isso o que precisamos.
Durante a restauração do hotel um cofre foi descoberto,
derrubou-se o andar para abri-lo, o que havia dentro
expõe a ignorância de agora. Convencidos de que não
circulam sinais de guerra, negamos a inteligência
das árvores e nos comunicamos na linguagem de quem
nos odeia. Aos perigos da vida somam-se a abordagem
feita por um policial a um homem negro, a queda
de uma barragem sobre o sono, a autodetonação de um
jovem no mercado. O perigo à luz de uma nêspera não
altera nosso impulso: é de morte a morte que nele vige.
Uma palmeira cresceu durante o ano em que estiveste
de viagem — o vento, voz escura, atravessa tua pele,
não há gesto que recupere a outra imagem de ti.
Ao limpares a borda de um espelho, observas no rosto
uma veia alta. Tudo já foi claro e recusavas o espelho,
previsível lugar para quem quer morrer de si mesmo.
A borda de metal volta ao tom ocre, mas teu rosto
afunda num enigma. O perigo à luz do dia nos surpreende
: é de vida a vida ameaçada. O ponto de ignição
está por um fio, quando seremos lançados ao estrume

ou às estrelas? Numerei os pólipos, tu desceste onde medram as heras, não levaremos às costas as secreções desse momento. Temos o ângulo que a luz e a sombra projetam na varanda. O sol incide. A lua decide.
Não pertencemos à horda bem-sucedida, erramos a porta com senha pessoal — não fizemos o caminho de Einselden nem pusemos, como em outro século, a mão sob o cutelo. Pode ser que nos explodam para verem o que há aqui dentro.

## A DIREÇÃO EM SI

Meses e escolhas são fatídicos. Em sentido oposto,
a neve dos Andes explora a cúpula do céu.
Em dias sem noites, é difícil entender o que vale
a pena se amigos e inimigos escalam a mesma
fenda. Se há febre em ambos suspeita-se não haver
um confronto. Seria assim se entendêssemos
a ruptura como linguagem. Não estamos, deuses
ainda regem o destino, exigem sacrifício e raiva.
Abandonar o pensamento no meio do desastre
é levar a roda às costas: o que deveria reduzir
o atrito se junta à carga. Muitos querem se sacrificar.
Mas tenho visto pessoas de pé, levam um trompete
ou fazem de si mesmas uma banda sem líder.
Vou pela orla percebendo aqui-ali o friso de uma
digital. O mar não se importa se tenho a mente vazia
e me perco receoso de ser demitido da própria
espécie. As escolhas serão escolhas se fatídicas.
Os meses rejeitam tréguas, avançam por cima e por
baixo de nossas costelas e antes que a rosa murche,
algo se interpõe entre mim e o farol apagado — não
se trata de escolha quando não há mais tempo.

# DISSONÂNCIAS

I

Nasci numa cidade medida por quem nasceu em casa
própria: entre pianos e urinóis foi-lhes impossível
imaginar que se nasce numa planície despida de signos.
Vou nesse corpo habituado à morsa e recuso a paz
dos mortos. Por não ter sorte, não é difícil apagarem
meu nome sob o musgo. Se penso em minha cidade,
sinto o impacto de um pássaro contra o vidro — sei o
estrangeiro em mim disfarçado, por hábito, entre
os semelhantes. Houve um tempo em que as galerias
douravam a cidade no mapa. No entanto, o corpo
que me leva curvou em direção à via subterrânea — lá,
afável com os fogos, outra cidade se conflagra.

II

Esqueletos de lagarto
afloram nas casas de subúrbio.
O tempo lhes furtou a cor.
Estão alheios ao deus-moeda que por toda parte
grita.

O fóssil, o silêncio.

Vive-se melhor sem um criador.
Liberdade orfandade.
O fiel da balança e o homem da cantina
elegeram um tirano
para cortar suas próprias pernas.

Os mortos, seus votos.

No lugar das casas, estão levantando blocos
sem janelas.
Outro domínio
enterrará o que foi vivido — talvez.

Há gatos insones morcegos à beira de um motim.
Ainda podes girar
a cabeça
para o que dizem os últimos em suas casas.


III


Os chifres na montanha estão ameaçados.
Para alguém que se anima
com o sagrado e recusa religiões, o assédio
à alegria é desumano. Vou-corpo que envelhece
atento às arvores e aos jovens — fortes sinais
de que os cantos voltarão na montanha.
Há pessoas presas sob a palavra, não desejam
a corola, não se excitam com o fluxo de suas
veias — são grumos aferrados

ao bulbo, nulos de si, sufocam — calam-se.
Os dias encalham como baleias: entre as mãos
que lutam por eles, as mesmas que talham
seus movimentos. O que fazes para não morreres
num país assassino? O que não fazes?


IV

Não sei o nome da coisa atrás da palavra. Não sei
se pode ser o que penso — meandro, faca, *anima* —
não estou como aqueles que tiram o fôlego
à humanidade, nem convencido de que venceram.
Setembro chegou, o coração explode, o capim
de inverno se deita, o sol não tem preferências.
O centro do corpo pulsa — não há nome para isso,
exceto se insistimos com nossas opiniões
— mas por certo não é a flora.
Os dias exigem reação — o sexo elogia o pólen,
líquens tiram os alunos da sala de aulas.
Há uma fresta na cúpula do planetário.
Chama-se tudo o que não perdeu a indignação.
Ervas.
Curtos-circuitos.
A porção
de nós
que não sabe medidas de primeiros socorros.

V

Sobre o que falamos? O trator degola o último ramo
e não somos ágeis para entender o que se passa.
Se um grão alimenta o corpo,
nos resignamos — não saltaremos o cânion
: afinal, os dirigíveis eram a queda. O sal do Tibet
no palato — pensei em ti até um cemitério curdo
gritar a urgência de não termos paz.
Não há bilhetes para a ilha nem um esboço de relva
nas mãos para sempre odiosas.
Uma torquês contrai o país, não vemos em que ria
nos afogamos.
Difícil seguir com as amizades apodrecidas.
Ninguém vai ao campo ou à cidade, os arados
e o veneno apagam os luminosos. Onde estamos?
Tentam tatuar um roteiro no fogo,
invadem livros e escolas — jamais a cabeça do sol.
A língua surtou,
mas ainda solucionamos alguns crimes.
Uma árvore e seus netos falam entre si.
Se há saída, rosto escuro na floresta é o seu nome.

## O MAR SE DIRIGE A NÓS

Estou cansado de metáforas, sua língua
reduziu o mundo a uma lista de palavras,

não sei a quantidade de livros vendidos.
Alguém perguntou, por acaso: o mar

se reconhece na página em branco? não
lhe fazem mal os escafandros? Seu país

é bárbaro, a economia assedia os pobres.
Tudo é fraude antes da orla — a quilha

dos barcos, as baleias na fotografia.
Os ciclos abissais se resumem a *flashes*

no jornal diário. O mar já não dirige a si.
Quando o fazia, os esporos saíam ao sol.

Há deuses demais na espuma, odes demais,
cemitérios e memórias além da química

não sentimental: o mar se afoga nos homens.
A floresta líquida rejeita o comércio

de peças celebrado na bolsa de valores
ontem e hoje. O mar recupera aos poucos

o que lhe devemos, crispa-se contra o que,
roubado à luz do dia, se guarda nos bancos,

saqueia não com a fúria dos filmes mas
hirto aberto como só é possível ao oceano.

## ODE À FAMILIA

I. Davi K: eu vi

Uma casa impregnada de vertigem.
Homens com a linguagem senil devoram
o sonho, não o espírito que os adoece.
Dirigem para a morte. Apesar deles o espírito
da casa aceita os ramos decaídos ontem.
Esses homens não velam o fogo, aptos em abater
degolam-se ao se abraçarem — é fato
não alcançam a cumeeira, sobem nos corpos
e ficam ainda menores. Os espíritos do jaguar
e da nuvem se casam — elevado é o teto de pólen.


II. De volta ao sol

O manto tupinambá ganho comprado furtado, quem saberá?
— sabemos, é um ninho preso às paredes de outro continente.
Depois de séculos, apesar do vidro que lhes tira o oxigênio,
o vermelho sangue do guará e o azul oceano da araruna
segredam algo que excede o museu nacional de Copenhague.
Todo algodão e envira, o manto tem a dimensão da mata

— vale pagar o ingresso para ver o vidro, jamais o espírito
que incendeia o egoísmo do alarme? O manto rol de esferas
arde de tanta memória. Seu lugar não é aqui, será, quem sabe?
no limo que molda todos os corpos. Imagine se insuflado no ar
rarefeito o manto se abrisse. Que tese posta à mesa explicaria
os mortos, vivos enfim, em resposta ao rapto das almas?
O manto quer voar para casa. A morte de seus filhos torna
inútil sua permanência. É preciso que ele se perca
para acusar os assassinos. Ante essa inominável memória
algo será reiniciado — a raiz do que já não é árvore, mas
frutifica — o rugido do que não é onça, mas afia as garras —
a umidade do que não é chuva, mas afoga a mão criminosa.
Exilado num continente onde avós, para irem ao cinema,
colam os netos à sombra, o manto reflete sua natureza — ágil
urna em território de neve. Ao redor do vidro, línguas tecem
em silêncio por respeito ou desprezo, não sei — sabemos.
Entre aqueles que fiaram o manto, um canto se alonga
alheio ao seu sequestro. Sobre a terra desolada um pássaro
voa. Num filme etnográfico chama os culpados pelo nome.
Diante disso, haverá ossos suficientes para serem atirados
contra o vidro? O manto tupinambá é um ninho na escuridão
do mundo — respira num oceano de espelhos a sua ira.

III. Eu saio de mim

A noite entre aspas. O que é dito não é: sou um homem
que acredita, por isso não creio nas arrebentações
do mistério. Sei da mão que rasgou o mar com tanta fúria
que matou quem deveria salvar. Eu estava à margem.
Continuo. Vivo. O inimigo para devorar o corpo devora
a sua imagem — há muito a contenda migrou para o sonho.

Com as pernas que vão à farmácia
com os olhos que emendam os frames
com as razões que assinam o passaporte
não posso extrair as penas do inimigo — ele me sequestra
com sua matéria. Devo sair de mim — e quando eu não for —
atearei fogo em cada um dos seus pixels.
Ele calca os pés no lodo, atravessa os canais, põe seu
nome na lapa, desce ao cânion das enguias —
parece de uma família oculta sob a folhagem.
A demorada ira da chuva o obriga a dormir mais cedo.
Fora, ao sol, não logra ver sua própria morte.
Seu corpo insone quase vive, faltam-lhe não a capivara
e o morcego ao alcance da arma, mas seus espíritos.

IV. Eu vi, senhor K

O céu não me convence de que o embate findará,
não há nome para os cadáveres. O céu não é
a página do relâmpago, apenas se mantém — uma
pesada laje. Estou numa escola ou empresa,
e me refugio numa voz que conduz a reunião
— estou órfão por respirar. A voz repete
que uma sigla secreta determina nossas vidas.
Vejo uma luva sobreposta ao seu gesto, ela
não reconhece um inseto no estendal
e o rio que vê só é grande pelos satélites.

Um tapir que filma a reunião altera aperta meu pulso
e, de repente, a engrenagem.
Nossas vidas. Um rumo, as abelhas o sabem melhor.
A voz insiste atenta às cifras:

"Quem sabe uma galáxia exalasse o gás" — uma valise impõe a dúvida: "Alguns têm o pensamento mágico e não podemos controlar isso".
O céu não cai graças aos corpos que descem devagar.

CODA

Cravar as unhas em si é ver por outro ângulo
a aniquilação em campo aberto.

Durante a invasão, estar em si ou soprando
ao vento — que reage — é um contrato

subscrito com pavor humor,
nada comparado à calma da mão esquecida

no bolso. Enquanto ferem o pão para
saber o germe lá dentro, ouvem-se disparos

— a natureza não deu sinais, não rugiram
as fechaduras, sabíamos há pouco

o que havia além das regras.
Prosseguem o sol, o naufrágio, o sangue,

um surto dilacerando o país, a vida
submersa em tudo que não a representa.

Com pés atados há quem se sinta seguro.
Contra isso não basta um mês entregue

às moscas. Contra minas & negócios a pedra
fundamental do ócio. Antes que chamem

de trégua esse verão, aprendemos quem és,
tempestade, e o que ficou na cidade.

Não cobres o fio atado aos ancestrais, há
fraturas que aumentam quando os ombros

se estreitam. Difícil lidar com isso
e com os rebeldes que limitam, às vezes,

o próprio sonho. Tenho o maxilar recém-
descoberto no charco: o que vinga me veste,

diverge de mim, de ti,
que nos julgamos prontos. Cravadas em si,

em campo aberto, as unhas
recusam as convicções sem pensamento.

# NOTAS

*Epígrafe*
Davi Kopenawa e Bruce Albert, *A queda do céu: palavras de um xamã yanomami*. São Paulo: Companhia das Letras, 2015, p. 150.

*L'harmattan*
Sobre os poetas negros escreveu Senghor: "... somos lamantins que, segundo o mito africano, vão haurir na fonte, como outrora, quando eram quadrúpedes — ou homens". Léopold Sédar Senghor, *Poemas*. Trad. Gastão Jacinto Gomes. Rio de Janeiro: Grifo Edições, 1969, p. 99.

*Escola de Teatro Dimitri*
Fundada em 1975 pelo palhaço suíço Dimitri Jakob Müller (1935-2016), localiza-se em Verscio, município de Terre di Pedemonte, no cantão Ticino. A partir de 2006, foi denominada Accademia Teatro Dimitri e incorporada à Universidade de Ciências Aplicadas de Ticino (SUPSI).

*Fiorde*
"Socorristas": remete ao crime ambiental cometido pela Companhia Vale do Rio Doce, no distrito de Brumadinho, Minas Gerais, em 25 de janeiro de 2019.

*Stranger in the village*
Referência ao ensaio de James Baldwin publicado em 1953

na *Harper's Magazine* e incluído, em 1955, no livro *Notes of a Native Son*. Depois de passar uma temporada em Leukerbad, no cantão Valais, na Suíça, Baldwin afirmou se sentir tão estrangeiro no país europeu quanto sendo um negro numa cidade dos Estados Unidos.

*Basel*
"Helvetia auf der Reise", escultura de Bettina Eichin (nascida em 16 de janeiro de 1942, em Berna), localizada às margens do Rio Reno, em Basileia, Suíça.

*Escritos na Casa do Cisne*
Referência à antiga Guilda dos Açougueiros, na Grand Place de Bruxelas. O local renomeado como Le Cygne foi frequentado por Karl Marx, durante sua permanência na cidade.

*Confinamento*
"Algo se adivinha". Do poema homônimo de Iacyr Anderson Freitas, em *Oceano coligido*. São Paulo: Viramundo, 2000, p. 98.
"mas dança em palavras". Fragmento de Arlindo Barbeitos, em *Angola angolê angolema*. Lisboa: Sá da Costa, 1976, p. 70.

## ÍNDICE DOS POEMAS

No perigo desta noite ............................................. 13
Fluxo ........................................................................ 14
Ode à família
    I. Elegia ............................................................ 16
    II. Groove ......................................................... 16
    III. Renascença ................................................. 17
    IV. Clube .......................................................... 17
Afronta .................................................................... 19
L'harmattan ............................................................ 21
Escola de Teatro Dimitri
    Estudo 1 ............................................................ 22
    Estudo 2 ............................................................ 23
Intenção e gesto ..................................................... 25
Passagens ................................................................ 27
Jam session ............................................................. 30
Fiorde ...................................................................... 32
O chão do operário ................................................ 33
Histórias possíveis ................................................. 35
Passeios
    C/ Wole Soyinka ............................................. 37
    C/ Anna Ruchat .............................................. 37
    C/ Dylan Thomas ........................................... 38
    C/ Carlos de Assumpção ............................... 39
    C/ Josely Vianna Baptista .............................. 39
O escritor de plantão ............................................. 41
Acidente .................................................................. 42

Caderno de notas ............................................................. 43
Stranger in the village
    I. Água-viva ................................................................ 44
    II. Basel ...................................................................... 45
    III. Noite em Riva San Vitale ................................... 48
    IV. À luz de Bellinzona ............................................. 49
    V. Carta a meio caminho ......................................... 49
Sonar ................................................................................. 52
Roda-viva .......................................................................... 55
Ateliê Caimán
    I. Digitais .................................................................... 57
    II. Conflito .................................................................. 58
    III. Jaccottet .............................................................. 58
    IV. Storni .................................................................... 59
    V. Lispector ............................................................... 60
Escritos na Casa do Cisne
    O dente 37 ................................................................. 61
    Alice ............................................................................ 62
    Hamelin ..................................................................... 63
    Revista ........................................................................ 64
    Floresta ...................................................................... 64
    Noturno ..................................................................... 65
    Pastoral ...................................................................... 66
Città labirinto
    I. Genova Nervi ......................................................... 70
    II. Hotel Helvetia ....................................................... 71
    III. Buco nero ............................................................ 72
    IV. Spianata Castelleto .............................................. 72
Canícula ............................................................................. 74
Floresta ácida .................................................................... 76
História social
    I. Bétulas .................................................................... 78
    II. Linguística ............................................................. 79
    III. Roda .................................................................... 80
    IV. Nota oficial .......................................................... 81

Confinamento
    I. Anúncio .............................................. 82
    II. Concha ............................................. 83
    III. Via estreita ..................................... 84
Cena tardia ................................................ 86
Beach couple. Emily Andersen London UK 1986 ...... 87
Ignição ..................................................... 89
A direção em si ........................................... 91
Dissonâncias .............................................. 92
O mar se dirige a nós .................................... 96
Ode à família
    I. Davi K: eu vi ..................................... 98
    II. De volta ao sol ................................. 98
    III. Eu saio de mim ............................... 99
    IV. Eu vi, senhor K ............................... 100
Coda ........................................................ 102

## SOBRE O AUTOR

Edimilson de Almeida Pereira nasceu em Juiz de Fora, MG, em 1963. É poeta, ensaísta e professor de Literatura Portuguesa e Literaturas Africanas de Língua Portuguesa na Faculdade de Letras da Universidade Federal de Juiz de Fora. Possui uma obra extensa e múltipla, na qual se destacam: na área de poesia — *Relva* (Mazza, 2015), *Guelras* (Mazza, 2016), *E* (Patuá, 2017), *Caderno de retorno* (Ogum's Toques Negros, 2017), *Qvasi* (Editora 34, 2017), *Poesia + (antologia 1985-2019)* (Editora 34, 2019), *O som vertebrado* (José Olympio, 2022); infanto-juvenil — *Os reizinhos de Congo* (Paulinas, 2004), *Histórias trazidas por um cavalo marinho* (Paulinas, 2007), *A vida não funciona como um relógio* (Quelônio, 2022) e *Cada bicho um seu canto* (FTD, 2022); ensaio — *Ardis da imagem: exclusão étnica e violência nos discursos da cultura brasileira* (Mazza, 2018) e *Entre Orfe(x)u e Exunouveau: análise de uma estética de base afrodiaspórica na literatura brasileira* (Fósforo, 2022); e prosa — *Um corpo à deriva* (Macondo, 2020), *O Ausente* (Relicário, 2020) e *Front* (Nós, 2020). Os dois últimos foram vencedores, respectivamente, do Prêmio Oceanos e do Prêmio São Paulo de Literatura, em 2021.

Este livro foi composto em Sabon,
pela Franciosi & Malta, com CTP da
New Print e impressão da Graphium
em papel Pólen Natural 80 g/m² da
Cia. Suzano de Papel e Celulose para
a Editora 34, em novembro de 2022.